Une journée chez Nannie et Eddie

Josée Lavoie

Aujourd'hui, Éloïse et sa famille se rendent chez ses grands-parents.

Nannie et Eddie habitent dans une petite maison bleue dans un village qui s'appelle Moonbeam.

— **Bonjour Nannie! Bonjour Eddie! Bonjour Jake!**, dit Éloïse.

— **Bonjour mon petit soleil!,** dit Nannie.
— **Bonjour Éloïse!,** dit Eddie.
— **Ouaf!,** dit Jake.

Éloïse adore quand Nannie l'appelle « son petit soleil ». C'est comme si son cœur devenait soudain plein de chaleur et de joie.

— **Est-ce qu'on fait de la soupe?** demande Nannie.

— **Oui! Faisons de la soupe avec les légumes du jardin!**, dit Éloïse.

... et qui chasse les écureuils
qui veulent manger les légumes.

— **Quels légumes devrions-nous cueillir pour faire notre bonne soupe?,** demande Eddie.

— **Quel bel arc-en-ciel légumes nous avons pour faire la soupe de notre petit soleil!**, dit Eddie.

— **J'ai hâte de les montrer à Nannie,** dit Éloïse.

Voici ce qu'il y a dans le panier :

Une fois son panier plein, Éloïse rentre vite voir Nannie afin de commencer à popoter.

— **Quelle belle variété de légumes!**, dit Nannie.

Éloïse aide Nannie à laver les légumes.
Elle regarde Nannie couper les carottes,
les onions, le céleri et les tomates.
Puis, Éloïse met tous les légumes
dans la casserole.

Lorsque les légumes sont tendres, Nannie les met dans une grosse marmite de bouillon.

Ça sent déjà très bon!

Éloïse règle la minuterie. Il ne reste qu'à attendre le

DING!

En attendant que la soupe soit prête, Éloïse et Nannie regardent de vieux albums photos.

— **Ça, c'est ton papa lorsqu'il était petit avec son chien Tippy,** dit Nannie.

Éloïse dessine des hiboux, l'oiseau préféré de Nannie.

Elles dansent sur l'air des chansons préférées de Nannie.

L'odeur délicieuse de la bonne soupe remplie la petite maison bleue.

YOUPI !

La soupe est prête.

Assis autour de la table, toute la famille déguste la savoureuse soupe faite grâce aux légumes du jardin d'Eddie, à l'amour de Nannie et à l'aide d'Éloïse.

Même Jake en raffole!

À mes chers grands-parents, Nanny et Eddy.
Je serai toujours votre petit soleil.

© 2023 par Josée Lavoie

Tous les droits sont réservés. La traduction ou
la reproduction de tout extrait de ce livre de
quelque manière que ce soit, électroniquement
ou mécaniquement et, plus particulièrement,
par photocopie et/ou microfilm, est interdite.

Une journée chez Nannie et Eddie
© Texte de Josée Lavoie. 2023
© Illustrations de Josée Lavoie. 2023

Publié par Josée Lavoie
HeyJosee.com

ISBN :
978-1-990829-07-9 (Couverture rigide)
978-1-990829-08-6 (Livre numérique)

Première édition, 2023